Outing of The village school dog

Outing of The village school dog
by Poet **Ha Young Sang**

Published by Pictures&books in Seoul, Korea
In Oct. 2024

서랍개의 오후

Ha Young Sang

그림과책

| 작가의 말 |

글을 추모하기 전에 건망증이 왔다
목청을 보여줄까 눈짓으로 말할까
까마득히 중얼거리며 짐작할 수 없는 내 애인은
또 나를 꾸깃꾸깃 버릴 것이다

2024년 12월

하 영 상

차 | 례

작가의 말 …… 05

불의 분신자살 …… 10

환생 …… 13

밀담 …… 15

물꼬 …… 17

서당개의 외출 …… 19

비트코인 …… 21

굴절 …… 22

껌 …… 25

DNA …… 27

오른발 협주곡 …… 29

아늑한 투옥 …… 30

예고편 …… 33

물방울 다이아몬드 …… 35

불립문자 …… 37

바다의 왼쪽 …… 39

생일 케이크 …… 41

불시착 …… 43

무인도 …… 45

분수 …… 47

물 깊은 유혹 …… 49

불씨 …… 51

보트피플 …… 53

빨치산 …… 54

적막한 소음 …… 57

익선관 …… 59

불륜 …… 61

분만실 현관 …… 63

두류산 양단수 …… 65

MOU협약 …… 67

코로나 …… 69

소금의 길 …… 71

스프링 침대 …… 73

새끼 염소 …… 75

변심 …… 77

고요의 바다 …… 79

투명 누드 …… 81

떼창 …… 82

뜨개질 …… 85

다초점 안경 …… 86

둘레길 …… 89

눈물 꽃 …… 90

오르막 변주 …… 93

절정 …… 95

오페라 하우스 …… 97

대장 내시경 …… 99

백자 항아리 …… 101

도청 …… 103

풋사랑 …… 105

오수 …… 107

수난 …… 108

앞발의 진화 …… 111

자존심 공사 …… 113

화합의 다리 …… 115

순환 …… 116

개벽 …… 118

오아시스 …… 121

흉터 …… 123

걸작 …… 125

적설 …… 127

덫 …… 129

고혈압 …… 131

무지개 와인 …… 132

자동 세탁 …… 135

함정 단속 …… 137

알집 …… 139

엑스맨 …… 141

여름 이불 …… 143

구설수 …… 145

난타 …… 147

불의 분신자살

붓끝에 지은 달집
일획의 광필 지나면
타고 남은 숯불
이윽고 석양이 남긴
잘 익은 수묵화 한 장

환생

펄럭거리며 살다가
호사를 버린 낙엽 한 장

화석 되기 원하나

바닥에 누워 오늘은
길 혈관이 되려 하네

밀담

중요한 대화는 그늘이 필요해
거짓말은 빨간색일까
수많은 색으로 말하고 있지만
초록이 동색이라지

물꼬

하이힐 벗은 해변
뒷물이 앞물보다 먼저
허리띠 푼다

물길은 물이 버린 길

서당개의 외출

읽지 못하는 문장은 헛소리
삼 년 읊었다지만 높은 벽
넘지 못해 드러누운 집터
키보드 자판, 참 오묘한

문자 속 깊기도 하여라

비트코인

액정 밟고 빠져나온 말장난
은밀하게 오르내린다
마술 걸려도 넘어지지 않는
위험한 말의 구조

미디어 아트는 신기루인가

굴절

　　　　　새벽 기침에 생긴 마디

여명에도 굽이 생기고

　　　　넘어야 할 모든 길은 턱이 있다

　　　언젠가 다시 돌아올,

껌

지퍼를 열면
임플란트 심은 신전
수많은 단맛 다녀간
폐허의 유적지

모든 길은
거리에 버려진 것이다

DNA

항해는 사슬에 걸려있고
게놈지도에 없는 유전자
혈중 염기서열에 닻을 내리는
인연의 법칙 녹슬지 않는다

오른발 협주곡

디딤발 연주는
발을 기억하는 멜로디
실로폰 좁은 악장 건너뛰다
레일에 끼인 기적 소리
발목이 시큰거린다

아늑한 투옥

휴식을 오래 보관하려고
앉았던 자리 가두었더니
너의 따뜻한 온기 달아나지 않게
눈이 내려 덮어 주었다

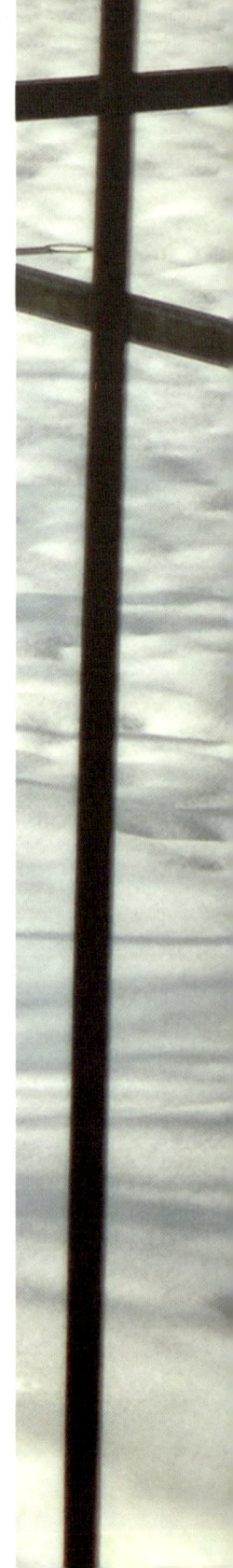

예고편

빨리 보고 싶어
계단의 자막, 오르기 전에
만개한 19금
미장센 구부려도
벗겨지지 않는 향기

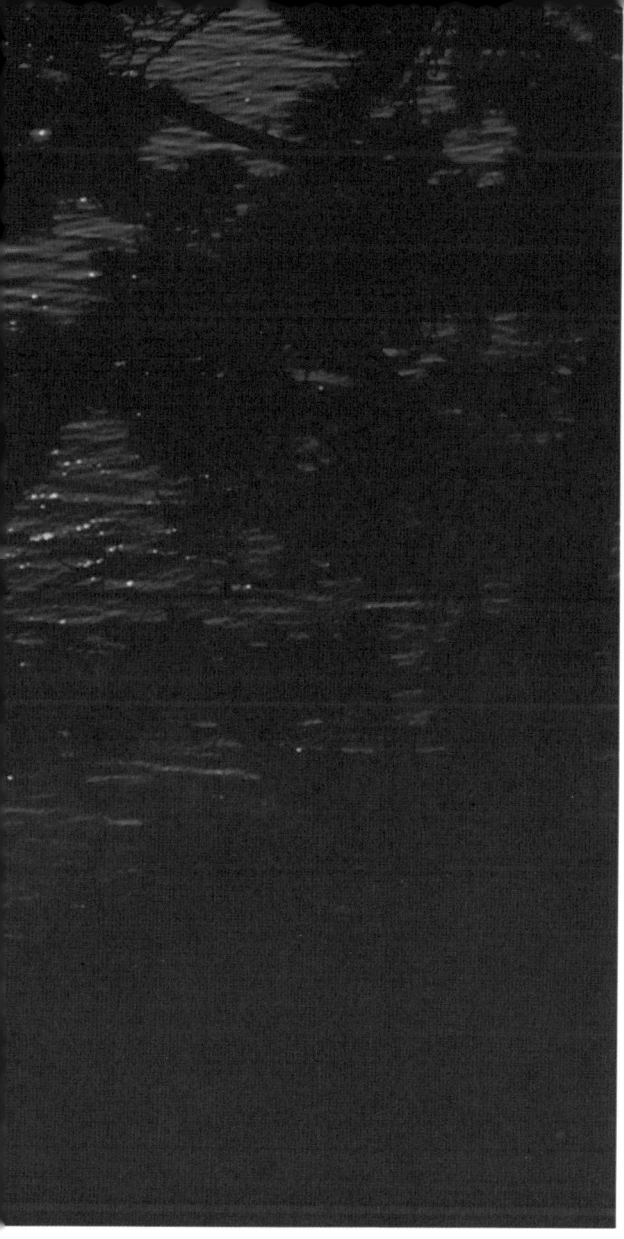

물방울 다이아몬드

침묵은 가라앉지 않는다
물그림자 목까지 잠긴
석양의 복화술
빚어낸 물결 빛난다

불립문자

내 글 어렵다고 하길래
까치 울음으로 편지를 썼다
울음이 마당 닿기 전에
햇살이 먼저 갈겨쓰는

참 쉬운 문장이다

바다의 왼쪽

비스듬한 것에 간절함이 있다
한없이 기대고 싶은
파도 소리에 귀 세우면
모래알에서 다시 피는 발자국들

생일 케이크

입김 닿지 않아도
촛불 꺼진 숲의 안개
지우개질 하자마자 노루는
케이크 위를 뛰어가고 있다

불시착

기다림은 높은음,
무소식의 층계 오르면
낮은 곳에 움트는
함께 있던 이별
머물렀던 자리
아프지 않다

무인도

간격   멀다

섬   과   섬

빈 곳 채우지 못하는
빗
물
너울이 없다

분수

바닥이 집이다
높이 올랐을 때 위험해
분수 모르고 오르다
찰나에 물 건너가는데

기둥 한번 세우지 못하는 건축

물 깊은 유혹

흰 잠옷에 가렸지만
물결은 알고 있지
몸 낮춘 체위
맛있는 먹잇감은
깊은 곳에 있다는 것을

불씨

재 뒤집어쓴
잉걸불 속으로
불쑥 들어온 숯불
재는 다시 태워도
재를 남길 뿐이다

보트피플

빙하 따라가는 흐느낌
걷는다 고개 숙인 난민들
바람에도 소스라쳐
가슴 쓸어내리며 오직
배가 돌아오기를 기다릴 뿐,

빨치산

흘러듣는 말에 생긴 녹조
그 틈에 거짓말 있다면
이맛살에도 소나무 난다고
빈틈으로 파고드는 너는

적막한 소음

물고기좌에 앉으면
깊은 산 펄떡거리고

높은음 지느러미
먼지 앉은 어둠
풍랑은 먼 곳에서 온다

익선관

포획되지 않으려고
펼쳐 놓은 날개
지나간 후에 길이 되는
길로 엮은 거물망
관대 푸르다

불륜

넘지 말아야 할 선을 넘었어
돌아갈까 한발 늦은 경계를
모른 척 지나가다가
현장 포착 스캔들

분만실 현관

잉태 금지구역
열쇠 넣기 전에
미리 열린 열쇠 구멍

낡은 자궁
눈을 깜박거린다

두류산 양단수

두 갈래 마음의 색
어느 쪽이 깊을까
생각하기 전에
발 담갔네

물은 빛깔 없는데

MOU 협약

미켈란젤로가 내밀었다가
ET가 잡았던 손끝
한번 잘못 짚으면
헛잡고 마는 손짓,

코로나

기침에 복어 좋다고
독이 든 비말 뿌려놓고
바다가 새지 않을까
물 샐 틈 없이 알 낳는다

소금의 길

짠맛은 어둡지 않고
영원한 결정
불붙지 않으며
완전 연소된 사랑
재가 없다

스프링 침대

물거품 그려 놓은
잠자리의 배영
레이스 끝난 뒤

오선지에 출렁이는
거친 숨소리

새끼 염소

하찮은 것에 볼 것이 많아
내려갈수록 궁금하지
식탐은 항문 치켜세우는 것
뿔 나려나, 근질거리는 엉덩이

변심

입술과 입술 닿은
그늘은 부패한 사랑
기억이 어두워질수록
입맞춤 맑아지는
향기는 변하지 않는다

고요의 바다

가득한 분화구
들어갈수록 깊은
새벽잠 베고 잠든 행성
골목이 밝아오고 있다

투명 누드

빈자리 너머
넘치는 빈자리
알몸 잠긴
햇살만 푸르네

물 살결 보이지 않는데

떼창

추측으로 걷는 점자판
행로는 지휘자 손끝에 있고
회초리에 꺾이지 않는 불협화음

날갯짓은 소리 내지 않는다

뜨개질

고개 숙여 내려다보면
까마득한 실타래
한올 한올 물뿌리개에 젖은
바람의 자수
몇 평이나 될까

다초점 안경

안쪽이 겉보다 좋아
분간 못하고 보는 풍경

정면 없는 햇살
아래위 잘못 딛다가
어지러운 비문증

둘레길

어긋나야 순조롭다지
꺾여 있는 생각으로 걸어야
목적지가 분명 해진다는군

눈물 꽃

눈 밖에 난 사람도
내 안에서 자라는
눈물에 충혈되어
터뜨리는 꽃잎

망막의 안개가 걷힌다

오르막 변주

심장에 계단을 놓는다
가지런한 걸음으로
리듬의 맥박 다 보여줄 수 없어
건널목에서 두근거리는

얼룩말이 바람 넥타이를 맨다

절정

아찔한 불면이 발아래 있네
누웠어도 뜬 눈인가
바닥까지 눈썹 문신
피멍이 잠들기를 기다린다

오페라 하우스

독창은 날아가지 않는다
개다리소반 위에 올려놓은
몸짓으로 부르는
당랑권 아리아

대장 내시경

내부 공사하는 목성 고리
항로 흐리다
등대가 보지 못한 궤적
가림막 너머 청진기로
들릴 듯 말 듯 물소리,

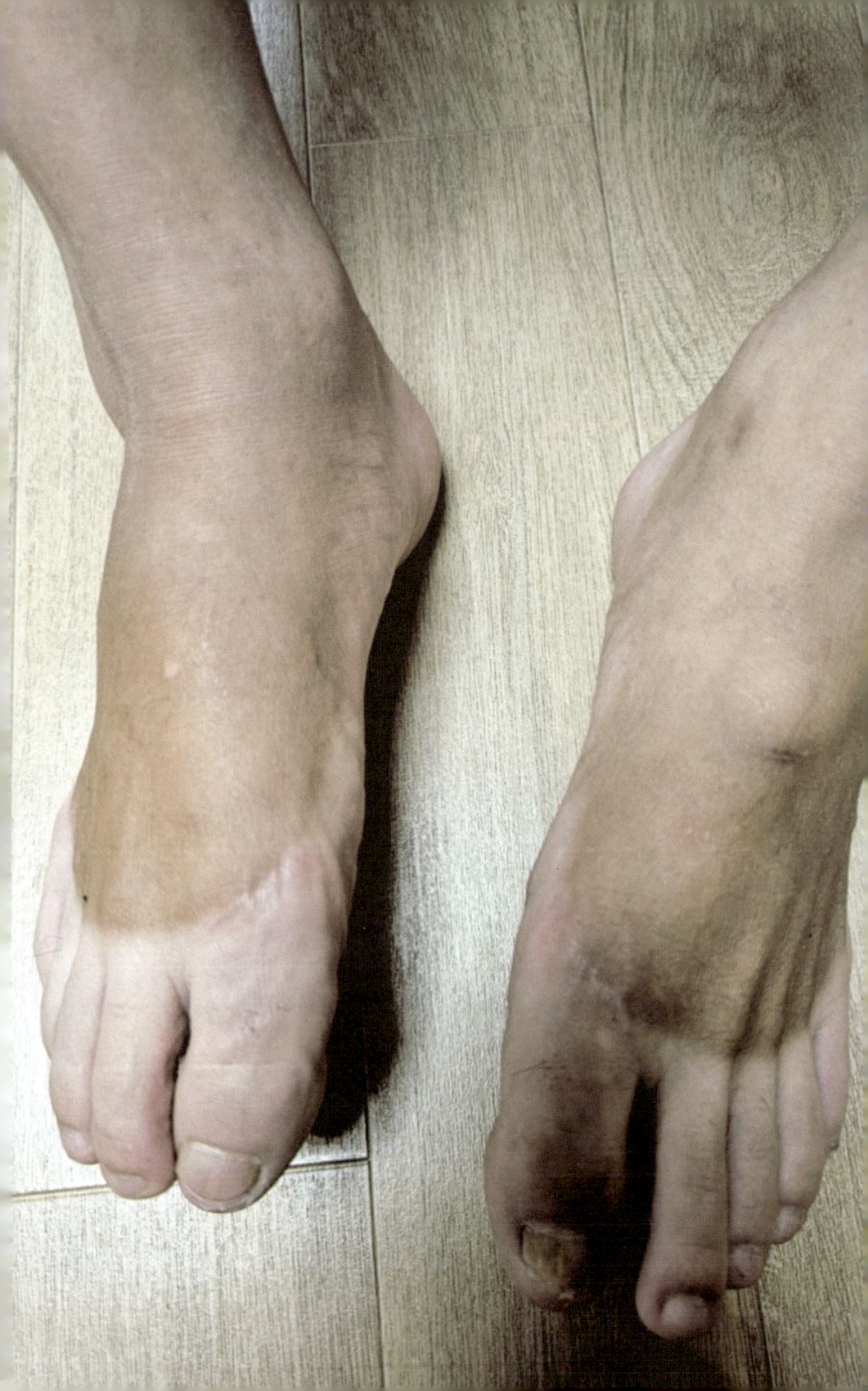

백자 항아리

젖은 발 맑아질 때까지
떠나지 못하는 진흙 길

달항아리 둥근 그늘

발톱에 세 들어 사는
구름집이 빛난다

도청

수화기 발음 굽었다
꼬인 조회수 따라가는
삐딱 걸음 통화 다 털려도
유튜버 떠난 자리

먼지내지 않는다

풋사랑

차갑게 재만 남은
너의 새벽에
군불 지펴줄 불씨
뜨겁게 빛나는,

오수

그늘 붙들어 매다가
햇살에 내가 묶였네
복날 기억하는 어둠인가
오늘은 정신 줄 놓고
도망치는 꿈을 꾸네

수난

이별 가둬 놓고 싶었던
연지, 둑이 부러져
읽지 못하는 그날의 메모

앞발의 진화

바람의 발톱
온갖 색으로 허공 할퀴어도
바람은 앞만 뚫는다

자존심 공사

세상 다 맛보고 나면
깨진 하늘에 올라
흩어진 낙숫물이나 꿰맬까

화합의 다리

동행은 서로 어긋난 길
옆길로 새더라도
뒷걸음으로 만나는 배반의 꽃
갓길에서도 피했는데
길이 아닌 곳에서 다시 만나네

순환

매운맛,
눈물로 불 밝히려고
울면서 빛나는 날들
콩나물시루에서 떨어지는
눈물은 불의 뿌리인가
물불 가리지 않고
내리는 비

개벽

어딘가 길은 있다

아래위 열려 있어도 삭막한
지상이 모두 연소되면
먼 북극성 사랑채
방문 열리는 소리

오아시스

하루를 건너온 물의 대방출
버려졌다, 허공은 비 내려도
몸 둘 바 없는 가뭄이라

이번 생은
바닥에서 물 먹기로 했다

흉터

살집 뜯겨 입 다문
부스럼 덮으려나, 너의 화문
오래 쌓였을 상념이 붉다

걸작

그림 그리기 전에
붓끝에 앉아
소리로 그은 획 흔들리지 않게
몸 사리는 구도 따라
바람 구부린 명화 한 폭

적설

아버지 유산은 흙이다

논 팔아 책 샀다
돈 되지 않아 책 팔았다

집안에 다시 흙먼지 남았다

덫

교수대 앞에서
전자발찌 풀고
도망친 물결 따스하다
헐렁한 사슬에 걸리지 않는

수평선 웃고 있다

고혈압

손풍금에 앉은
뻐꾸기 울음 단풍 드는데
반올림에서 꺾인
뒷목 잡으니 허공 속이네

철심 박은 풍경
아찔하기만 하다

무지개 와인

기적은 갑자기 오지 않는다

내 안이 훤해질 때까지
내어주고 나면
빈 술잔에 넘치는 무지개

뒷맛이 달다

자동 세탁

밀물에 젖은 썰물
익사한 지 오래되었고
일평생 마를 날 없는
바짓가랭이

죽어서도 서 있는,

함정 단속

불법 도주로 사각지대
비행 금지 구역 남루한
지적도에 닿으면 위험한데
초신성 올가미에
걸려들 은하가 궁금하다

알집

잉어 비늘로 지었다
대용량 물방울

압축을 풀었다
구름 손톱 정원의 단맛

벽돌 담으로 막아도
파일 해제 되지 않는다

엑스맨

뜬구름 잡으려고 얽어맨
하늘, 붙들었다고 보금자리냐
높은 자리는 초능력을 꿈꾸지만
위태로운 날갯짓

여름 이불

낮은 곳에 머물더라도
손 비비는 간절함
수많은 손바닥으로 쌓는
탑 위의 탑
이불 솜이 성글다

구설수

소문은 많이 알려진 비밀
말문 열려 있어도 소리 내지 않는 입
꾹 참고 새 소식 삼키면
네가 먼저 알고 있는 안부들
문득,

얼굴 붉힌 봉투가 궁금하다

난타

툭, 치고 달아나는 장단
음률에 맞춰 투신하는
두들김의 생존 법칙인가
비린내 헐은 태평양
날개가 돋는다

그림과책 시선 316

서당개의 오후

초판 1쇄 발행일 _ 2024년 12월 20일

지은이 _ 하영상
펴낸이 _ 손근호

펴낸곳 _ 도서출판 그림과책
출판등록 2003년 5월 12일 제300-2003-87호

03924 서울특별시 마포구 월드컵북로54길 17 821호
　　　(상암동, 사보이시티디엠씨)
　　　도서출판 그림과책
전화 (02)720-9875, 2987 _ 팩스 (02)720-4389
도서출판 그림과책 homepage _ www.sisamundan.co.kr
후원 _ 월간 시사문단(www.sisamundan.co.kr)
E-mail _ munhak@sisamundan.co.kr

ISBN 979-11-93560-24-2(03810)

값 15,000원

이 책의 판권은 지은이와 그림과책에 있습니다.
잘못된 책은 교환해 드립니다.